So wird es gemacht:

Öffne das LÜK®- Kontrollgerät und lege die Plättchen in den unbedruckten Deckel!
Jetzt kannst du auf den Plättchen und auf dem Geräteboden die Zahlen [1] bis [24] sehen.

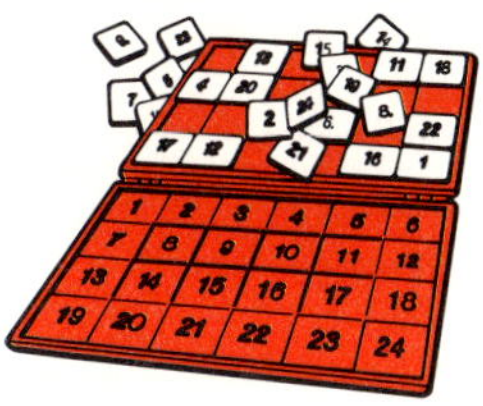

Beispiel: Seite 2 **Suche die Namen!**
Nimm das Plättchen [1] und sieh dir die Aufgabe 1 an!
Name mit 6 Buchstaben, abwechselnd Mitlaut und Selbstlaut – Ramona. Ramona trägt die Zahl 18.
Das ist die Feldzahl im Kontrollgerät, auf die du das Plättchen legen mußt. Lege also das Plättchen [1] auf das Feld 18 im Geräteboden!
Die Zahl **1** muß nach oben zeigen.

1	2	3	4	5	6
7	8	9	10	11	12
13	14	15	16	17	18
19	20	21	22	23	24

So mußt du weiterarbeiten, bis alle Plättchen im Geräteboden liegen.

Schließe dann das Gerät und drehe es um! Öffne es von der Rückseite! Wenn du das bei der Übungsreihe abgebildete Kontrollmuster siehst, hast du alle Aufgaben richtig gelöst. Passen einige Plättchen nicht in das Muster, dann hast du dort Fehler gemacht. Drehe diese Plättchen da, wo sie liegen, um, schließe das Gerät, drehe es um und öffne es wieder! Jetzt kannst du sehen, welche Aufgaben du falsch gelöst hast. Nimm diese Plättchen heraus und suche die richtigen Ergebnisse! Kontrolliere dann noch einmal! Stimmt jetzt das Muster?

Und nun viel Spaß!

Dieses Papier wurde
aus chlorfrei gebleichtem
Zellstoff hergestellt

Suche die Namen!

5

1. Name mit 6 Buchstaben, abwechselnd Mitlaut und Selbstlaut.
2. Name mit 7 Buchstaben, aber nur drei verschiedene.

8

3. Kürzester Jungenname.
4. Name mit zwei Doppelmitlauten.

4

5. Erster und letzter Buchstabe des Namens ist der gleiche Mitlaut.
6. Im Namen kommt ein Umlaut vor.

17

7. Längster Name.
8. Mädchenname mit drei Selbstlauten, aber drei verschiedenen.

14

9. Im Namen kommen drei Buchstaben in alphabetischer Reihenfolge vor.
10. Name hat zwei Mitlaute, aber die gleichen.

12

11. Anfangs- und Endbuchstabe ist der gleiche Selbstlaut.
12. Mehr Selbstlaute als Mitlaute im Namen.

24

23

2

20

6

3

13 Name hat am Ende drei Mitlaute.

10

14 Drei Mitlaute am Anfang, zwei am Schluß.

15 Nur zwei Selbstlaute im Namen, aber die gleichen.

15

16 Vier Selbstlaute im Namen, aber vier verschiedene.

17 Vier Selbstlaute im Namen, aber zweimal die gleichen.

16

18 Jungenname. Wenn man „e“ anhängt, ist es ein Mädchenname.

19 Jungenname. Wenn man „a“ anhängt, ist es ein Mädchenname.

11

20 Jungenname mit einem Doppelmitlaut.

21 Der Anfangsbuchstabe dieses Jungennamens ist anders als alle Anfangsbuchstaben.

18

22 Mädchenname aus fünf Buchstaben, aber fünf verschiedenen.

23 Name aus zwei verschiedenen Selbstlauten und zwei verschiedenen Mitlauten.

9

24 Erster und letzter Buchstabe dieses Jungennamens sind Selbstlaute, aber unterschiedlich.

7

1

19

22

13

21

Auf dem Rathausplatz

! Achtung: Hier ist das Ergebnis die Plättchennummer! Dieses Plättchen legst du auf die Feldzahl, die hinter der Aufgabe steht.

Wie viele Kinder sind es insgesamt?	– 6
Wie viele Mädchen?	–13
Wie viele Kinder mit Schirm?	– 17
Wie viele im Kreis ○?	– 7
Wie viele im Dreieck △ ?	– 24
Wie viele im Rechteck □?	– 16
Wie viele im Oval ⬭?	– 9
Wie viele im Kreis oder im Dreieck?	– 3
Wie viele im ○ oder im ⬭?	– 1
Wie viele im ○ oder im □?	– 18
Wie viele im △ oder im □?	– 2
Wie viele im △ oder im ⬭?	– 5
Wie viele im □ oder im ⬭?	– 15
Wie viele im □, aber nicht im ○ ?	– 22
Wie viele im □, aber nicht im △ ?	– 23
Wie viele im □, aber nicht im ⬭?	– 20
Wie viele im ○, aber nicht im ⬭?	– 8
Wie viele im △, aber nicht im □?	– 12
Wie viele im ○, aber nicht im □?	– 19
Wie viele im □ oder im ○ oder im ⬭?	– 14
Wie viele im □ oder im △ oder im ⬭?	– 4
Wie viele im ⬭, aber nicht im △ ?	– 11
Wie viele im ⬭, aber nicht im □?	– 10
Wie viele gleichzeitig im △, im □, im ○ und im ⬭?	– 21

Die ersten und letzten Buchstaben der beiden Wörter bilden ein neues Wort

Arzt – 8	Berg – 15	Blut – 10	Brille – 1
Heft – 9	Hemd – 3	Keks – 20	Kralle – 5
Rose – 12	Saal – 24	Seil – 7	Sessel – 11

13 

14 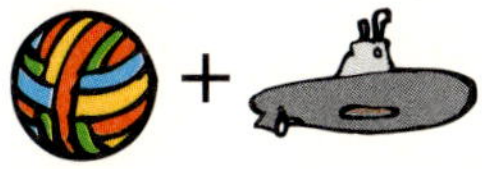

15 

16 

17 

18 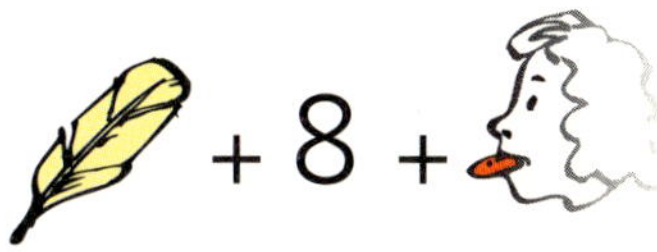

19 

20 

21 

22 

23 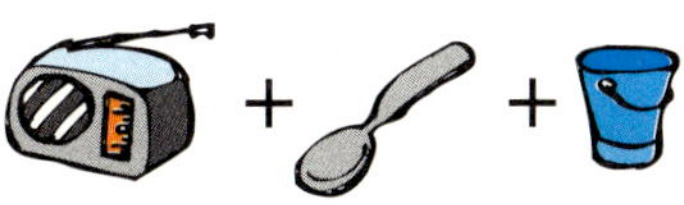

24 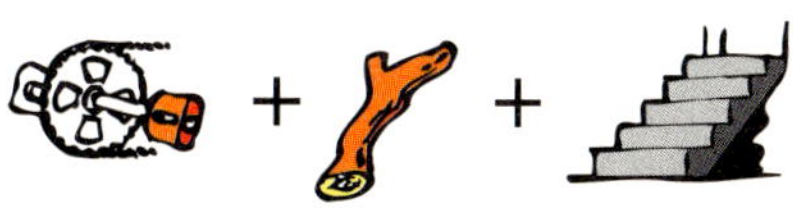

Esel – 17 Flamme – 13 Fratze – 23 Glas – 2

Krater – 16 Melone – 19 Platte – 18 Roller – 14

Star – 4 Zahl – 21 Zahn – 6 Ziel – 22

Brüche

Der wievielte Teil ist farbig?
Die Ergebnisse haben dieselbe Farbe.

1 

2 

3 

4 

5 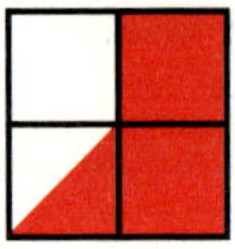

6 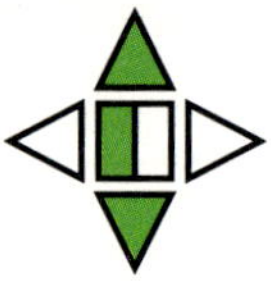

7 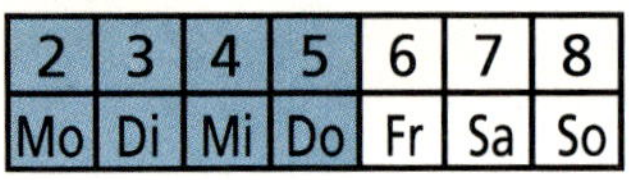

8 

9 

10 

11 

12 

$\frac{1}{2}$ –24 $\frac{1}{3}$ –8 $\frac{3}{4}$ –22 $\frac{5}{6}$ –2 $\frac{4}{7}$ –5 $\frac{5}{8}$ –15 $\frac{1}{10}$ –6 $\frac{3}{10}$ –7

$\frac{1}{4}$ –19 $\frac{3}{7}$ –10 $\frac{3}{5}$ –18 $\frac{1}{7}$ –9 $\frac{3}{8}$ –13 $\frac{2}{9}$ –17 $\frac{1}{12}$ –11 $\frac{7}{10}$ –14

$\frac{2}{3}$ –16 $\frac{2}{5}$ –21 $\frac{1}{8}$ –3 $\frac{4}{5}$ –23 $\frac{5}{7}$ –4 $\frac{4}{9}$ –12 $\frac{7}{8}$ –1 $\frac{7}{12}$ –20

13

September		
1	2	3
4	5	6
7	8	9
10	11	12
13	14	15
16	17	18
19	20	21
22	23	24
25	26	27
28	29	30

14

15

10 DM

20 DM

20 DM

20 DM

16

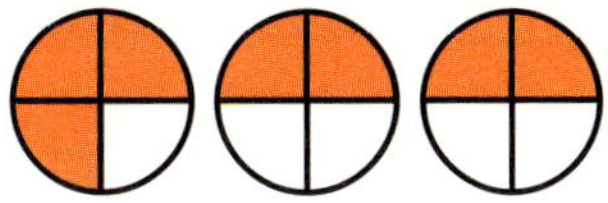

17

18

Februar			
1	2	3	4
5	6	7	8
9	10	11	12
13	14	15	16
17	18	19	20
21	22	23	24
25	26	27	28

19

20

21

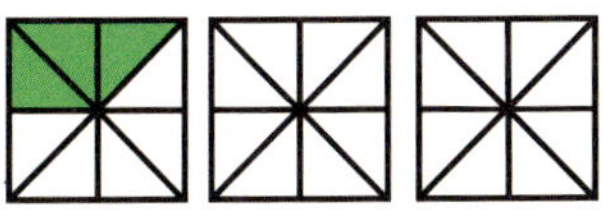

22

23

24

Zusammengesetzte Namenwörter

(1 Bild + 1 Wort ergeben ein zusammengesetztes Namenwort)

1 

2 

3 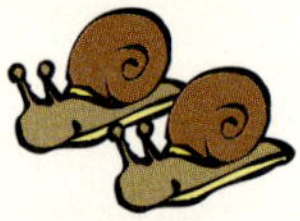

4 

5 

6 

7 

8 

9  s

10 

11 

12 

13 

14 

15 

16 

17  en

18  s

19 

20 

21 

22 

23 

24 

Beere 3	Brücke 9	Furt 24	Gang 8
Jammer 11	Käfer 18	Kalk 7	Kamm 13
Linie 5	Mann 23	Marsch 4	Montag 6
Peter 19	Pilz 20	Post 10	Roß 14
Schimmel 2	Schwanz 12	Spiegel 15	Streifen 17
Theater 1	Tränen 21	Volk 16	Zahn 22

„Zahlwörter“ und „Farbwörter“

1 - königsfest
2 - tagerennen
3 - gebirge
4 - erbahn
5 - auge
6 - kampf
7 - meter
8 - fingerdarm
9 - sprung
10 - schläfer
11 - töter
12 - meilenstiefel
13 - käppchen
14 - wal
15 - donnerstag
16 - kohle
17 - arbeit
18 - schwanz
19 - schweig
20 - pulver
21 - span
22 - bär
23 - schnabel
24 - glut

3 – 3	6 – 13	7 – 24
3 – 19	6 – 1	8 – 12
3 – 8	8 – 16	7 – 6
3 – 2	7 – 20	8 – 4
7 – 1	9 – 12	10 – 5
10 – 2	13 – 6	17 – 17
3 – 9	11 – 8	12 – 6
11 – 15	12 – 10	17 – 13
3 – 5	8 – 10	13 – 21
3 – 5	5 – 2	7 – 11
6 – 24	9 – 9	12 – 12
7 – 7	11 – 14	13 – 9
[blau] – 10	[rot] – 16	[grün] – 3
[blau] – 14	[rot] – 15	[grün] – 18
[rot] – 7	[grün] – 18	[schwarz] – 16
[rot] – 17	[blau] – 22	[braun] – 15
[schwarz] – 19	[braun] – 18	[rot] – 20
[blau] – 3	[rot] – 17	[grün] – 4
[schwarz] – 19	[grün] – 21	[braun] – 20
[schwarz] – 21	[blau] – 11	[rot] – 22
[weiß] – 14	[braun] – 11	[grün] – 23
[braun] – 13	[grün] – 4	[blau] – 23
[grün] – 22	[schwarz] – 7	[weiß] – 8
[blau] – 23	[weiß] – 24	[grün] – 19

Stadtrallye

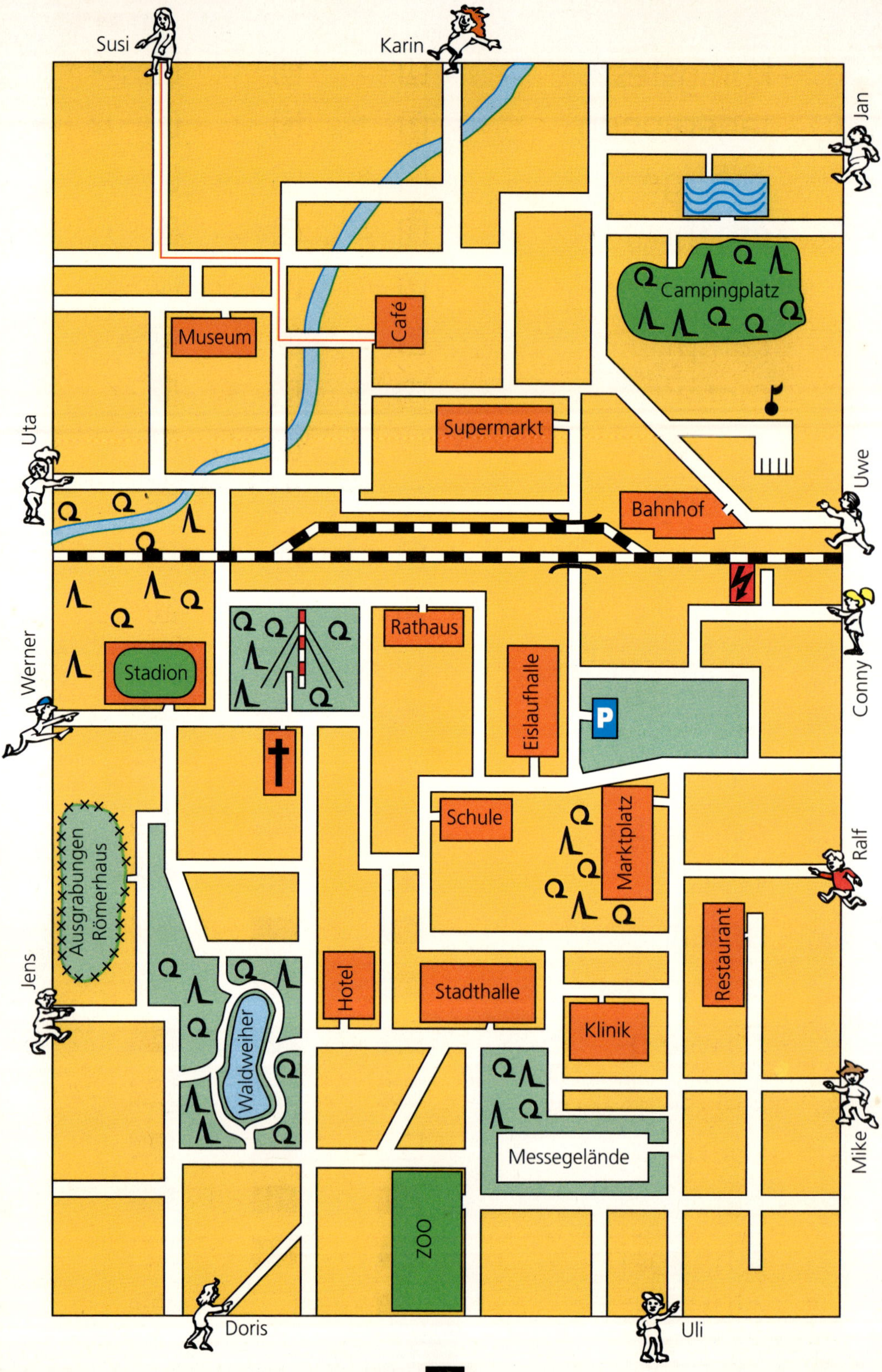

Jeder Schüler / jede Schülerin muß zwei Punkte der Stadt erwandern, zuerst ① dann von dort ②. (r = rechts, l = links, g = geradeaus)

1	Susi:	① l, r, l, g, r, l, g,	☒
2		② l, g, g, g, l, l, g, r,	☒
3	Uta:	① g, r, l, r, r, g, g, l,	☒
4		② r, r, g, g, r,	☒
5	Werner:	① g, l, r, r, g, r, r, r,	☒
6		② l, l, r, r, r, l, r,	☒
7	Jens:	① g, g, l, g, g, l, r, g, l,	☒
8		② l, r, l, g, r, r, r, l,	☒
9	Doris:	① l, r, l, l, r, r, l, r,	☒
10		② l, r, l, r, g, r, g, l, r, l, r,	☒
11	Uli:	① g, g, l, r, g, l, l,	☒
12		② r, r, r, g, g, g, g, l, r, r,	☒
13	Mike:	① g, g, r, g, g, r, l, g, l,	☒
14		② l, l, r, g, g, g, l,	☒
15	Ralf:	① r, g, l, r, g, r, l, l,	☒
16		② r, r, r, l, l, g, l, g, l, g, l,	☒
17	Conny:	① g, r, l, g, r, r,	☒
18		② r, g, g, r, l, l, g, r, g, r,	☒
19	Uwe:	① g, g, l, g, g, r, l, r, l, l,	☒
20		② l, g, l, l, r, g, r, r,	☒
21	Jan:	① g, l, r, g, l, g, l, r, r,	☒
22		② l, r, l, g, l, g, r, l,	☒
23	Karin:	① g, l, l, l, r, r,	☒
24		② l, l, r, g, l, g, r, g, r,	☒

Museum – 22
Café – 7
Supermarkt – 10
Bahnhof – 18
Rathaus – 3
– 12
Eislaufhalle – 21
Schule – 11
Restaurant – 19
Klinik – 4
Stadthalle – 16
Hotel – 24
– 14
Waldweiher – 8
ZOO – 5
Messegelände – 20
Marktplatz – 2

P – 15
– 6
Campingplatz – 17
– 9
– 1
Stadion – 13
Ausgrabungen Römerhaus – 23

Die 100-Stufen-Treppe

Du hast acht verschiedenfarbige Bälle:

② ③ ④ ⑤ ⑥ ⑦ ⑧ ⑨

Ball ② hüpft auf jede 2. Stufe einer Treppe,
Ball ③ auf jede 3. Stufe, Ball ④ auf jede 4. Stufe usw.
Auf welchen Stufen springen folgende Bälle gemeinsam auf?

1 ② ③ → 22. Stufe 4 24. Stufe 5

2 ② ④ → 30. Stufe 12 32. Stufe 3

3 ④ ⑦ → 56. Stufe 14 60. Stufe 7

4 ⑦ ⑨ → 56. Stufe 20 63. Stufe 18

5 ⑥ ⑧ → 46. Stufe 16 48. Stufe 19

6 ③ ⑥ → 33. Stufe 8 36. Stufe 16

7 ② ⑥ → 70. Stufe 3 72. Stufe 21

8 ⑧ ③ → 45. Stufe 15 48. Stufe 23

9 ⑤ ⑨ → 40. Stufe 19 45. Stufe 1

10 ⑦ ⑤ → 70. Stufe 8 75. Stufe 11

11 ② ③ ④ → 20. Stufe 6 24. Stufe 12

12 ② ④ ⑤ → 35. Stufe 2 40. Stufe 10

13 ③ ④ ⑤ → 60. Stufe 17 65. Stufe 14

14 ② ③ ⑥ → 24. Stufe 15 28. Stufe 21

15 ② ⑤ ⑧ → 75. Stufe 18 80. Stufe 13

16 ③ ⑥ ⑨ → 36. Stufe 6 42. Stufe 10

17 ② ③ ⑧ → 32. Stufe 23 48. Stufe 9

18 ② ⑦ ⑧ → 54. Stufe 24 56. Stufe 2

19 ⑤ ③ ⑥ → 60. Stufe 22 75. Stufe 21

20 ② ③ ④ ⑤ → 60. Stufe 11 70. Stufe 9

21 ③ ④ ⑤ ⑥ → 50. Stufe 17 60. Stufe 7

22 ② ④ ⑥ ⑧ → 36. Stufe 1 48. Stufe 4

23 ③ ④ ⑥ ⑧ → 18. Stufe 13 24. Stufe 24

24 ② ⑤ ⑥ ⑨ → 80. Stufe 5 90. Stufe 20

Wir schreiben mit Streichhölzern

Dazu brauchen wir ganze und halbe Streichhölzer

Wie viele Streichhölzer brauchen ich für folgende Wörter?

1

8 – 14
9 – 13
10 – 7

2

17 – 12
18 – 8
18 $\frac{1}{2}$ – 17

3

10 – 14
10 $\frac{1}{2}$ – 16
11 – 13

4

12 $\frac{1}{2}$ – 14
13 $\frac{1}{2}$ – 17
14 $\frac{1}{2}$ – 13

5

11 $\frac{1}{2}$ – 4
12 – 3
12 $\frac{1}{2}$ – 17

6

April
?
Juni

6 – 20
7 – 15
7 $\frac{1}{2}$ – 18

7

11 $\frac{1}{2}$ – 5
12 $\frac{1}{2}$ – 8
13 $\frac{1}{2}$ – 18

8

17 – 1
18 – 18
19 – 11

9

14 $\frac{1}{2}$ – 19
15 – 24
15 $\frac{1}{2}$ – 15

10

9 – 21
9 $\frac{1}{2}$ – 4
10 – 5

11

6 $\frac{1}{2}$ – 1
7 – 2
7 $\frac{1}{2}$ – 10

12

9 – 1
10 – 6
11 – 2

OPQRSTUVWXYZ

13

16 – 19
17 – 12
18 – 23

14

10 – 9
$10\frac{1}{2}$ – 16
11 – 23

15

12 – 19
13 – 21
14 – 20

16

$14\frac{1}{2}$ – 22
15 – 20
$15\frac{1}{2}$ – 23

17

$17\frac{1}{2}$ – 11
18 – 21
$18\frac{1}{2}$ – 10

18

18 – 15
$18\frac{1}{2}$ – 24
19 – 22

19

$16\frac{1}{2}$ – 12
$17\frac{1}{2}$ – 6
$18\frac{1}{2}$ – 4

20

6 – 3
7 – 5
8 – 7

21

$7\frac{1}{2}$ – 7
8 – 6
$8\frac{1}{2}$ – 9

22

14 – 3
$14\frac{1}{2}$ – 24
15 – 2

23

14 – 8
15 – 22
16 – 11

24

$12\frac{1}{2}$ – 16
13 – 9
$13\frac{1}{2}$ – 10

Unterwegs

Diese Strecken werden in einer Stunde zurückgelegt:

	auf den Ebenen oder bergab	bergauf	Pause in jedem Dorf
Wanderer	6 km / Std.	4 km / Std.	14 min.
Hund	9 km / Std.	6 km / Std.	8 min.
Frau mit Kinderwagen	3 km / Std.	2 km / Std.	20 min.
Radfahrer	15 km / Std.	12 km / Std.	5 min.
Treckerfahrer	30 km / Std.	30 km / Std.	3 min.
Motorradfahrer	60 km / Std.	60 km / Std.	4 min.

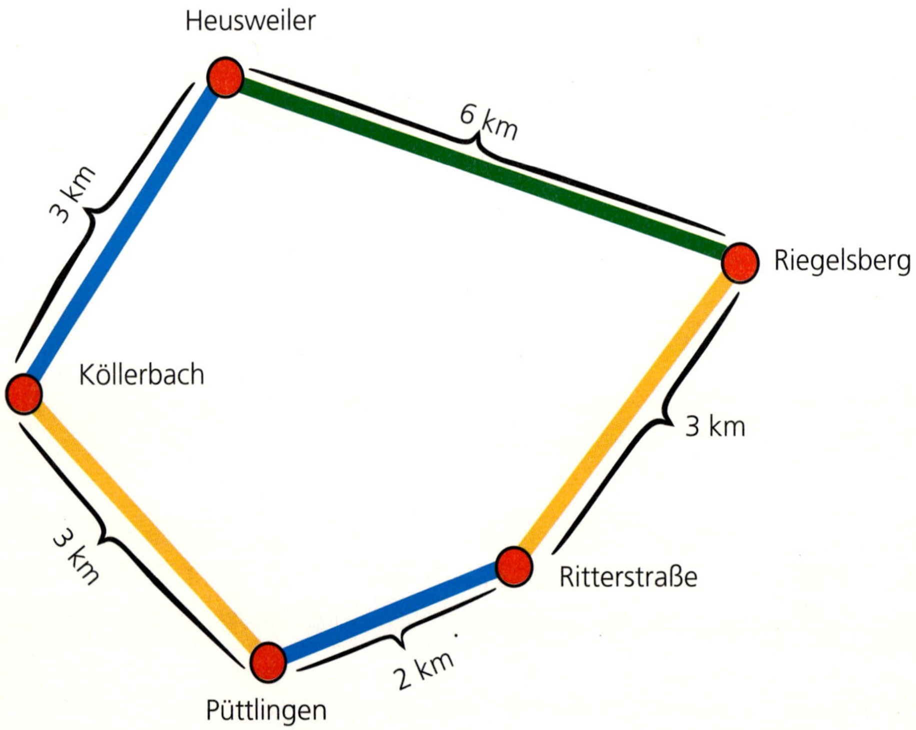

Es bedeutet:
- bergauf
- bergab
- eben

Wie lange braucht er/sie für die folgende Strecken?

von Püttlingen → Riegelsberg (über Ritterstraße)

1 Wanderer
2 Hund
3 Frau mit Kinderwagen
4 Radfahrer
5 Treckerfahrer
6 Motorradfahrer

von Riegelsberg → Heusweiler

7 Wanderer
8 Hund
9 Frau mit Kinderwagen
10 Radfahrer
11 Treckerfahrer
12 Motorradfahrer

von Heusweiler → Püttlingen
über Köllerbach

13 Wanderer
14 Hund
15 Frau mit Kinderwagen
16 Radfahrer
17 Treckerfahrer
18 Motorradfahrer

von Köllerbach → Riegelsberg
über Püttlingen

19 Wanderer
20 Hund
21 Frau mit Kinderwagen
22 Radfahrer
23 Treckerfahrer
24 Motorradfahrer

6 min.	→	15
9 min.	→	22
10 min.	→	23
12 min.	→	1
13 min.	→	6
15 min.	→	3
16 min.	→	18
22 min.	→	14
24 min.	→	5
27 min.	→	8
32 min.	→	19
40 min.	→	2
44 min.	→	9
48 min.	→	21
58 min.	→	10
1 Std.	→	16
1 Std. 14 min.	→	7
1 Std. 16 min.	→	13
1 Std. 29 min.	→	20
1 Std. 58 min.	→	4
2 Std.	→	11
2 Std. 20 min.	→	12
2 Std. 50 min.	→	24
3 Std. 40 min.	→	17

Wortrochaden

Du denkst dir die angegebenen Wörter in die entsprechenden Wortschachteln. Es entsteht dann ein neues Wort.

z. B. BLAU
WALD

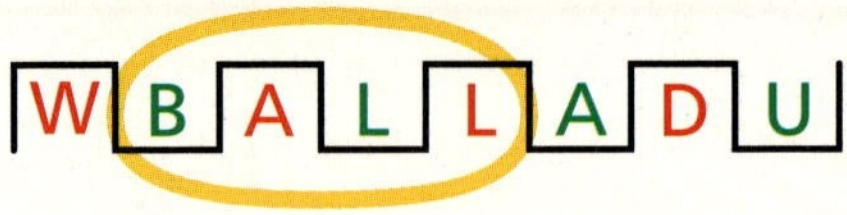

= BALL

1 RABE
BLUME

2 GRAU
WAND

3 BILD
GELD

4 BRIEF
ABER

5 LIEB
REST

6 ZUG
BANK

7 HUT
GAST

8 EIBE
BLEI

9 REST
BRIEF

10 RUHE
BACH

11 GRAS
AUTO

12 FUGE
PANNE

13 RUHM TEIL

14 MUT HALS

15 GRAB SENF

16 KRAM ROBE

17 GLAS NEBEL

18 BROT MATT

19 BIS LENZ

20 WIE NEST

21 BART GLUT

22 HAI HART

23 MOND HOSE

24 BREI SEGEL

BART – 10
BEIL – 22
BEIN – 5
BERG – 4
BLAU – 3
BREI – 19
GARN – 24
GELB – 6

GERN – 9
GURT – 14
HAAR – 12
HAUS – 17
KORB – 8
LAUB – 20
LEISE – 15
LIEB – 13

MAUL – 11
MOOS – 1
PFAU – 18
RAUCH – 16
REISE – 21
TREU – 7
WEISE – 2
ZAUN – 23

Glücksrad

Hier muß jeder zweimal drehen!

	$\frac{1}{12}$	$\frac{1}{8}$	$\frac{1}{6}$		$\frac{1}{4}$		$\frac{1}{3}$	$\frac{3}{8}$	$\frac{5}{12}$		$\frac{1}{2}$		$\frac{7}{12}$	$\frac{5}{8}$	$\frac{2}{3}$		$\frac{3}{4}$		$\frac{5}{6}$	$\frac{7}{8}$	$\frac{11}{12}$			Umdrehung
1	2	3	4	5	6	7	8	9	10	11	12	13	14	15	16	17	18	19	20	21	22	23	24	so viele Felder weiter

U = Umdrehung

→ = Uhrzeigersinn

← = gegen Uhrzeigersinn

Die zum Schluß erreichte Glückszahl sagt dir die Plättchennummer. Dieses Plättchen legst du auf die Feldzahl, die hinter der Aufgabe steht.

			Glücksradfeld		Feldzahl
Andreas	:	$\frac{3}{4}\,U \rightarrow + \frac{1}{12}\,U \leftarrow$	17	→	8
Bert	:	$\frac{1}{2}\,U \rightarrow + \frac{1}{3}\,U \leftarrow$	5	→	21
Susi	:	$\frac{1}{4}\,U \rightarrow + \frac{1}{8}\,U \leftarrow$		→	17
Pit	:	$\frac{5}{12}\,U \leftarrow + \frac{1}{8}\,U \leftarrow$		→	20
Paul	:	$\frac{3}{8}\,U \leftarrow + \frac{2}{3}\,U \rightarrow$		→	23
Evi	:	$\frac{1}{6}\,U \rightarrow + \frac{3}{4}\,U \leftarrow$		→	24
Uta	:	$\frac{2}{3}\,U \rightarrow + \frac{1}{8}\,U \leftarrow$		→	1
David	:	$\frac{5}{12}\,U \leftarrow + \frac{7}{12}\,U \leftarrow$		→	18
Toni	:	$\frac{3}{8}\,U \leftarrow + \frac{5}{12}\,U \leftarrow$		→	13
Katrin	:	$\frac{3}{4}\,U \rightarrow + \frac{3}{8}\,U \leftarrow$		→	22
Ulla	:	$\frac{1}{2}\,U \rightarrow + \frac{1}{6}\,U \leftarrow$		→	16
Heike	:	$\frac{7}{8}\,U \rightarrow + \frac{5}{8}\,U \leftarrow$		→	19
Horst	:	$\frac{1}{4}\,U \rightarrow + \frac{2}{3}\,U \leftarrow$		→	3
Tom	:	$\frac{5}{6}\,U \rightarrow + \frac{1}{12}\,U \leftarrow$		→	7
Viviane	:	$\frac{3}{4}\,U \leftarrow + \frac{5}{12}\,U \leftarrow$		→	10
Uwe	:	$\frac{7}{8}\,U \rightarrow + \frac{1}{4}\,U \leftarrow$		→	6
Fred	:	$\frac{1}{12}\,U \rightarrow + \frac{3}{8}\,U \leftarrow$		→	4
Gitte	:	$\frac{1}{2}\,U \rightarrow + \frac{5}{12}\,U \leftarrow$		→	15
Gisela	:	$\frac{5}{8}\,U \rightarrow + \frac{3}{4}\,U \leftarrow$		→	2
Rita	:	$\frac{3}{4}\,U \rightarrow + \frac{5}{6}\,U \leftarrow$		→	11
Doris	:	$\frac{3}{8}\,U \rightarrow + \frac{5}{12}\,U \leftarrow$		→	9
Rosi	:	$\frac{1}{6}\,U \leftarrow + \frac{2}{3}\,U \rightarrow$		→	5
Klaus	:	$\frac{5}{8}\,U \leftarrow + \frac{5}{12}\,U \rightarrow$		→	12
Birgit	:	$\frac{3}{8}\,U \rightarrow + \frac{1}{3}\,U \leftarrow$		→	14

Geheimschrift „Windrose"

Die Abkürzungen der Himmelsrichtungen helfen dir.

1 ↘↑↑E	2 ←A↓↓ER	3 ←A↑↑E
4 AU↙EI↓	5 ↓E↑↓E	6 K→↑T→
7 LA↓↓→	8 T→↑↑E	9 R→↓E↑
10 ↑→↑↑E	11 FL→↓↓E↑	12 PF→↓TE↑
13 ↓PI↑↑E	14 ←→H↑U↑G	15 ↓CH←A↑
16 ↓PR→↓↓E	17 ↘H↑	18 H→↓E↑
19 →↓T↓EE	20 →↓TER↑	21 P→↑CH→
22 C→←B→Y	23 CL→←↑	24 KA↑→↑E